슬기로운 마음 생활 2

친구에게 화나고 짜증 날 때 이렇게 말해요

글 박선희   그림 윤유리

책읽는달

이 책의 활용법

 말하기 연습 1 **내 마음 알기**

초등학생이 친구와 자주 경험하고 느끼는 여러 가지 상황을 짧은 글과 그림으로 보여줌으로써 자신의 마음과 친구 관계를 돌아볼 수 있습니다.

 말하기 연습 2

나도 상처받지 않고 친구도 화내지 않는 말하기

상황별로 구체적으로 말하는 법을 예시하여 친구에게 내 마음을 정확히 전달할 수 있도록 합니다. 욱하지 않고, 상처받지 말고 하루 한 마디씩만 연습해요.

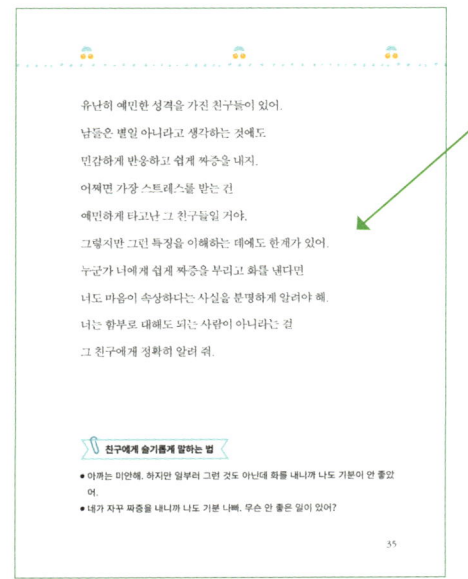

말하기 연습 3

건강한 친구 관계를 위한 마음 처방전

친구로 인해 속상한 마음에 위로의 말을 건네며 대처하는 법을 알려 줍니다. 좋은 친구와는 아름다운 우정을 유지하고 무례한 친구에게는 어떻게 대처하고 자신을 보호해야 하는지를 알게 됩니다.

말하기 연습 4

친구를 좀 더 알아가기

'친구에게 이렇게 다가가자', '내가 원하는 친구' 등을 통해 좀 더 친구를 알 수 있어요. 또 그림 그리기, 글쓰기 등등 다양한 활동을 통해 친구의 마음을 이해할 수 있습니다.

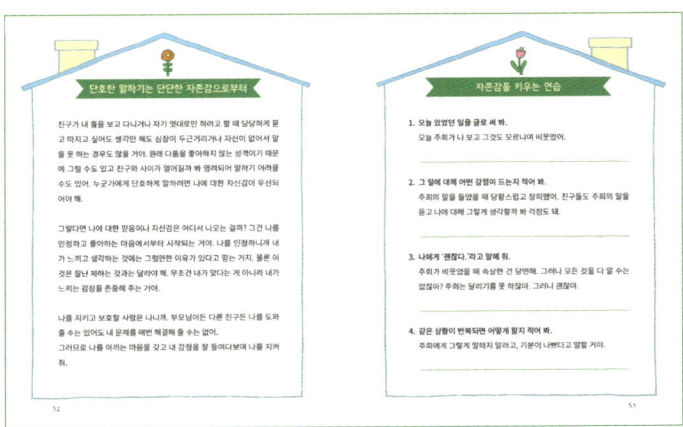

차례

이 책의 활용법	2

1 진심으로 말해요
친구에게 내 마음을 제대로 전하고 싶을 때

나 때문에 화났나 봐	10
내가 거절하면 싫어하면 어쩌지?	12
친구에게 실수했어	14
사과하고 싶은데…어떡해야 할까?	16
:: 좋은 관계는 솔직한 말하기로부터!	18
:: 솔직한 말하기 어떻게 할까?	19
"너 때문이야!"라는 친구에게 뭐라고 하지?	20
다른 친구와 더 친하게 지내다니……	22
대답을 강요하지 말아 줘	24
나도 인기가 많으면 좋겠어	26
약속을 취소해야 해. 어떻게 말하지?	28
:: 활동 하나	30
:: 활동 둘	31

2 단호하고 예의 있게 말해요

친구에게 화나고 짜증이 날 때

나에게 화를 내거나 짜증 내는 친구	34
장난치는 친구 때문에 속상해	36
멋대로 하는 친구 때문에 피곤해	38
친구가 나를 무시하는 것 같아	40
:: 이런 친구가 있다면 거리를 둬야 해	42
:: 상황극으로 말하기 연습하기	43
왜 나쁜 소문을 내고 다니는 거야!	44
친구의 잘난 체, 얄미워	46
왜 내 물건을 함부로 사용하는 거야?	48
나에게 위험한 행동을 하는 친구	50
:: 단호한 말하기는 단단한 자존감으로부터	52
:: 자존감을 키우는 연습	53
자꾸 규칙을 안 지키면 어떡해	54
으, 시끄럽잖아!	56
꼬치꼬치 묻는 건 부담스러워	58
:: 말하기 연습하기	60
:: 친구에게 이렇게 다가가자	61

존중하고 배려하며 말해요

친구의 말과 행동이 이해되지 않을 때

나와는 생각이 다른 것 같아	64
서운해, 정말 정말 서운해!	66
뭐든지 같이 하자는 친구는 피곤해	68
혼자 결정하면 어떡해!	70
∷ 나의 경계에는 어떤 것이 있을까?	72
∷ 내가 원하는 친구	73
왜 내 비밀을 말한 거야?	74
함부로 행동하지 말아 줘	76
나에겐 시간이 필요해	78
∷ 존중하는 말하기, 어떻게 할까?	80

4. 당당하고 재치 있게 말해요

긴장되거나 낯선 상황에 놓였을 때

나도 친구처럼 잘하고 싶어	84
좋아하는 친구가 생겼는데 어떻게 말하지?	86
모두 나만 쳐다보는 것 같아	88
:: 내 장점은 어떻게 찾을까?	90
너무 낯설어!	92
발표, 떨려	94
나도 함께 놀고 싶어	96
:: 긴장되는 마음은 이렇게 달래자	98
:: 새로운 친구들과 이렇게 이야기해 봐	99

5. 내 마음을 말하고 싶어요

꾸밈없이 솔직하게 말해야 할 때

누가 도와줬으면……	102
내 뜻대로 안 되면 화가 나	104
고마운 마음은 어떻게 표현하지?	106
:: 슬기롭게 거절하는 법	108
나는 아직도 속상해	110
친구가 답답해	112
다른 친구가 더 좋아졌어	114
친구에게 거짓말을 했어	116
:: 좋은 관계란 어떤 것일까?	118

진심으로 말해요

친구에게 내 마음을
제대로 전하고 싶을 때

나 때문에 화났나 봐

💙 며칠째 지연이가 웃지도 않고 내 얘기를 듣는 둥 마는 둥 화가 난 것 같아. 어쩌지?

💙 상수는 내가 선생님께 고자질했다고 생각하는 것 같아. 오해야, 오해! 그럴 리가 없잖아.

친구들과 지내다 보면 친구 때문에 화가 나기도 하고

나 때문에 친구가 화를 내기도 해.

별 탈 없이 잘 지내고 싶지만 뜻대로 되지 않을 때가 많지.

가끔은 친구가 무엇 때문에 화가 났는지 모르는 일도 있고

서로 오해해서 싸울 때도 있어.

그럴 때는 혼자 고민하며 끙끙대지 말고

마음을 터놓고 이야기해 봐.

대화만큼 좋은 해결 방법은 없으니까.

만약 내가 잘못한 일이나 실수가 있다면

솔직하게 미안하다고 말하는 게 좋아.

친구에게 슬기롭게 말하는 법

- 화가 나고 속상했다면 미안해.
- 화나는 일 있으면 나에게도 말해 줄래? 같이 이야기해 보자.
- 오해야. 나는 너에 대해 나쁜 말을 한 적이 없어.

내가 거절하면 싫어하면 어쩌지?

- 성훈이가 나랑 같이 놀고 싶대. 나는 다른 친구와 놀고 싶은데 어쩌지?
- 정현이가 포스터 그리기를 도와달라고 했어. 하지만 나는 밖에 나가 축구를 하고 싶은걸? 거절하면 정현이가 서운해할까?

친구의 제안을 거절하기란 쉽지 않아.

친구가 나를 미워하거나

괜히 사이가 나빠지면 어쩌나 걱정되기도 해.

그렇다고 하기 싫은 일을 친구 때문에 억지로 하게 된다면

마음에 불만이 쌓이다가 결국 친구와의 사이도 점점 멀어질 거야.

그러니 때로는 거절할 줄도 알아야 해.

거절할 때는 내 마음과 상황을 제대로 표현해야 해.

하지만 친구가 도움이 꼭 필요한 상황이라면

뒤로 미루지 말고 도와야 하겠지?

친구에게 슬기롭게 말하는 법

- 같이 놀기로 약속한 친구가 있어서 이번엔 같이 못 놀 것 같아. 다음에 놀자.
- 지금은 도와주기 어려울 것 같아. 내가 급한 일이 있거든.
- 다른 친구와 먼저 하기로 한 일이 있어. 다음엔 꼭 도와줄게.

친구에게 실수했어

- 급식을 받다가 음식을 쏟았는데 우재 옷에 다 튀었지 뭐야. 우재 표정이 너무 안 좋아. 어찌할 바를 모르겠어!
- 친구들 앞에서 지영이에게 그것도 모르냐고 핀잔을 주고 말았어. 지영이 얼굴이 빨개지는 걸 보고 '아차!' 싶었지.

어떤 말이나 행동을 하고 '아차!' 싶을 때가 있어!

생각지도 못한 일이 벌어지기도 하고

도대체 내가 왜 그랬는지 이해가 안 되기도 해.

조금만 조심할 걸 후회해도 이미 일은 벌어진 후야.

분명하게 내 실수 때문이라면

쑥스러워하지 말고 솔직하게 사과해 봐.

사과 없이 어물쩍 넘어가려고 하면

친구는 더 화가 날 수도 있으니까.

진심으로 사과하면 친구의 마음도 누그러질 거야.

사람은 누구나 실수를 하니까.

친구에게 슬기롭게 말하는 법

- 기분이 나빴다면 미안해.
- 내가 실수했어. 일부러 그런 것 아니니까 용서해 줘.
- 내 기분이 안 좋다 보니 실수한 것 같아. 다음엔 안 그럴게.

사과하고 싶은데…어떡해야 할까?

유미에게 별것 아닌 일로 쏘아붙이고 말았어.
어쩌지?

친구가 빌려준 물건을 잃어버렸어!
뭐라고 말하지?

내가 민희에게 숙제를 잘못 알려 줬어.
오늘 숙제 검사를 할 텐데 어떡해.

체육 시간에 내가 찬 공이 준교 머리에 딱!
으, 아팠을 것 같아.

친구와 다투거나 사이가 좋지 않을 때 기분이 어때?

마음이 불편하고 무거울 거야.

특히 내 잘못으로 인해 친구에게 실수했거나

사이가 어색해졌다면

더 편하지 않을 거야.

좋은 관계를 맺고 그 관계를 유지하는 일은 쉽지 않아.

친구에게 실수했을 때는 사과해서

관계가 나빠지지 않게 노력해야 해.

사과는 친구를 위한 것이 아니라 친구와 나의 관계,

우리의 행복을 위한 것이라는 사실을 잊지 마.

친구에게 슬기롭게 말하는 법

- 정말 미안해. 사과를 받아줘.
- 일부러 그런 건 아니야. 미안해.
- 친구야, 앞으로 잘 지내자.

좋은 관계는 솔직한 말하기로부터!

친구들과 지내다 보면 속상한 일도 많고 어떻게 해야 할지 몰라서 혼란스러운 경우도 있을 거야. 여럿이 어울려서 지내다 보면 갈등이 생기는 것은 어쩌면 당연해.

친구 사이에 생기는 문제 중 많은 것들은 솔직한 말하기로 해결할 수 있어. 멋있게 보이려고 꾸며 말하거나 잘못을 인정하지 않고 변명하기에 급급한 말하기는 솔직한 말하기가 아니야.
친구에게 솔직해지기 위해서는 우선 자기 자신에게 솔직해져야 해. 자기 마음을 있는 그대로 인정하고 그걸 어떻게 표현할지 고민하는 거야.

그렇기 때문에 솔직하게 말하는 일이 쉽지만은 않아. 또 자칫 잘못하다가는 누군가에게 상처를 줄 수도 있어.
솔직하게 말할 때는 말하는 태도나 사용하는 언어가 무척 중요해. 정중한 태도와 진실한 마음이 함께 어우러져야 친구에게 오해 없이 닿을 수 있어.
한 가지 기억해야 하는 것은 솔직하다는 이유로 내 멋대로 굴어서는 안 된다는 거야. 내 감정이 중요한 만큼 친구의 감정도 소중하다는 걸 잊지 마.

솔직한 말하기 어떻게 할까?

◆ **나로 인해 관계가 나빠졌을 때** ●

친구가 어떤 점 때문에 화가 났을지 입장 바꿔 생각하기
↓
내 실수나 잘못을 인정하기
↓
변명을 늘어놓기 전에 사과의 말을 전하기
↓
무엇을 잘못했는지 정확하게 말하고 이유를 설명하기
↓
앞으로의 다짐을 이야기하기

◆ **친구로 인해 관계가 나빠졌을 때** ●

내 멋대로 생각해서 오해한 부분은 없는지 돌아보기
↓
친구의 어떤 말이나 행동 때문에 기분이 안 좋았는지 표현하기
↓
그래서 어떤 기분을 느꼈는지 친구에게 알려 주기
↓
비난하는 투로 말하지 않고 예의 있고 단호하게 말하기

"너 때문이야!"라는 친구에게 뭐라고 하지?

- 선생님에게 혼난 게 나 때문이라고?
- 민호가 반 대항 경기에서 진 게 나 때문이래. 나도 진짜 속상하다고!

사람들은 속상한 일이 생기면 자기 잘못이 아니라고

생각하고 싶어 해.

그래야 마음이 편하니까.

친구들도 아마 속상해서 누군가 원망할 사람을 찾은 걸 거야.

속상한 마음은 이해되지만

지나치게 남 탓을 해서 다른 친구의 기분을 상하게 하는 건

옳은 방법이 아니야.

만약 친구가 계속 나에게 화살을 돌리고 원망하는 말을 쏟아낸다면

그렇게 말하지 말라고 정확하게 말해야 해.

친구에게 슬기롭게 말하는 법

- 네가 속상한 건 이해하지만 그만해 줄래? 나도 기분이 안 좋거든.
- 나 때문은 아니잖아. 모두 열심히 했는데 누구를 탓하지 말자.

다른 친구와 더 친하게 지내다니……

💙 민지가 요즘엔 수연이랑 더 친한 것 같아. 너무 속상해.
💙 정훈이랑 둘이 급식 먹을 때가 좋았는데 민재랑 셋이 먹으니까 어쩐지 어색해.

단짝 친구가 있는 건 참 좋은 일이야.

그렇지만 친구 관계란 변할 수 있다는 것도 알아야 해.

나와 친했던 친구가 다른 친구와 더 가까워질 수도,

내가 다른 친구가 더 좋아질 수도 있는 거야.

무조건 단짝과만 친하게 지내야 한다는 생각을 버리면

마음이 조금 편해질 거야.

만약 속상한 마음이 점점 커진다면

솔직하고 부담스럽지 않게

내 마음을 친구에게 털어놓는 것도 좋은 방법이란다.

친구에게 슬기롭게 말하는 법

- 네가 요즘 수현이랑 친하게 지내서 마음이 안 좋았어.
- 우리 둘이 보낼 시간이 줄어서 아쉬워.

대답을 강요하지 말아 줘

💙 나는 그렇지 않은데 "너도 나랑 같은 생각이지?" 하고 물으면 곤란해.

💙 소진이가 "너도 선생님 싫지? 맞지?"라고 크게 말했어. 나는 선생님이 싫지 않은데……

자기 생각을 다른 사람에게 강요하는 사람들도 있어.

물론 그 친구는 자기가 강요하고 있다는 걸 모르고 있을 수 있어.

자기중심적으로 생각하다 보니

남들은 다른 의견을 갖고 있다고 생각하지 못하는 거지.

단체 생활을 할 때는 다른 사람의 의견이나 생각은

나와 다를 수 있다는 걸 기억해야 해.

친구가 대답하기 곤란한 대답을 강요하거나

나의 뜻과 다른 말을 한다면

나는 생각이 다르다는 걸 분명히 말할 필요가 있어.

물론 친구에게 친절히 말해야겠지?

친구에게 슬기롭게 말하는 법

- 미안하지만 나는 그렇게 생각하지 않아.
- 그렇게 물어보면 내가 대답하기 곤란해.

나도 인기가 많으면 좋겠어

- 친구들이 나와 같은 모둠이 되는 걸 싫어하면 어쩌지?
- 친구들이 내가 하는 말은 귀담아듣지 않는 것 같아.

모두에게 사랑받고 인기가 많으면 신나고 기분 좋겠지만

나의 장점을 알아봐 주고 나를 이해해 주는 마음이 딱 맞는 친구와

깊은 우정을 나누는 것만큼 소중한 일도 없을 거야.

내 마음을 솔직하게 털어놓고

서로 귀 기울일 수 있는 친구가 분명히 있을 거야.

만약 친해지고 싶은 친구가 있다면 용기 내어 다가가 봐.

나는 멋진 사람이고 장점과 개성을

갖고 있음을 기억하렴.

친구에게 슬기롭게 말하는 법

- 나도 잘할 수 있는데 모둠 활동 같이할 수 있을까?
- 넌 좋아하는 게 뭐야? 괜찮으면 집에 같이 갈래?

약속을 취소해야 해. 어떻게 말하지?

모둠 모임이 있는 걸 깜박하고
혜민이와 자전거를 타기로 약속했어. 어쩌지?

정규랑 게임하기로 했는데
유리가 학급 신문 만드는 걸 도와달래.
정규한테 뭐라고 하지?

주말에 창운이랑 같이 공원에 가기로 했는데
감기에 걸려서 못 갈 것 같아!

혜미랑 학원 끝나고 떡볶이 먹으러 가기로 했는데
엄마한테 혼나서 기분이 좋지 않아.
떡볶이 먹으러 갈 기분이 아닌데 어쩌지?

좋은 관계를 맺기 위해서는 믿음이 무척 중요해.

믿을 만한 사람이 되기 위해서는 약속을 잘 지켜야 해.

작은 약속들이 쌓여서 믿음이 만들어지는 것이니까.

그렇지만 약속을 지키지 못할 갑작스러운 상황들이 생기기도 해.

그럴 때 친구가 서운해할까 봐 거짓말을 하거나 둘러대면

나중에 더 나쁜 상황이 생길 수도 있어.

이럴 때는 친구에게 진심으로 사과하고

이해해 달라고 하면 어떨까?

친구에게 슬기롭게 말하는 법

- 같이 하지 못할 것 같아 미안해. 갑자기 급한 일이 생겼어.
- 내일 오후로 약속을 옮겨도 괜찮을까?
- 내가 약속이 있는 걸 잊고 있었어. 정말 미안해.

활동 하나

◆ 내가 제일 좋아하는 친구의 얼굴을 예쁘게 그려 보자.

활동 둘

● 친구와 나를 같이 그려 보자.

단호하고 예의 있게 말해요

친구에게
화나고 짜증이 날 때

나에게 화를 내거나 짜증 내는 친구

💙 실수로 친구의 발을 밟았을 뿐인데 버럭 화를 내니까 너무 무안하잖아.

💙 재현이는 툭하면 나에게 짜증을 내. 말 붙이기도 무섭다니까.

유난히 예민한 성격을 가진 친구들이 있어.

남들은 별일 아니라고 생각하는 것에도

민감하게 반응하고 쉽게 짜증을 내지.

어쩌면 가장 스트레스를 받는 건

예민하게 타고난 그 친구들일 거야.

그렇지만 그런 특징을 이해하는 데에도 한계가 있어.

누군가 너에게 쉽게 짜증을 부리고 화를 낸다면

너도 마음이 속상하다는 사실을 분명하게 알려야 해.

너는 함부로 대해도 되는 사람이 아니라는 걸

그 친구에게 정확히 알려 줘.

친구에게 슬기롭게 말하는 법

- 아까는 미안해. 하지만 일부러 그런 것도 아닌데 화를 내니까 나도 기분이 안 좋았어.
- 네가 자꾸 짜증을 내니까 나도 기분 나빠. 무슨 안 좋은 일이 있어?

장난치는 친구 때문에 속상해

💙 왜 자꾸 놀리는 거야? 한두 번도 아니고 으윽, 너무 화가 나!

💙 기영이는 볼 때마다 나를 툭툭 쳐. 내가 화내면 장난이라고 말해.

친해지고 싶은 친구가 있을 때 너는 어떻게 다가가니?

다정하게 잘해 주며 마음을 표현하는 친구도 있고

괜히 장난을 치거나 주위를 맴도는 친구도 있을 거야.

사람마다 표현하는 방법은 이렇게 달라.

만약 친구가 장난을 칠 때는 친해지고 싶다는

표현인지 잘 살펴봐.

그렇지만 친구가 하는 장난 때문에 매번 기분이 상한다면

기분이 나쁘다는 것을 정확히 알려줄 필요가 있어.

친구에게 슬기롭게 말하는 법

- 나를 놀리는 거 이제 그만해.
- 앞으로는 내 몸을 건드리지 말아 줘.
- 네가 나라면 어떨 것 같아? 기분 나쁘니까 그만해.

멋대로 하는 친구 때문에 피곤해

💚 귀찮은 일을 나에게 떠넘기는 우재, 너무해!
💚 매번 자기 마음대로만 하는 유라 때문에 너무 피곤해.

친구가 제멋대로 행동하거나 나를 함부로 대한다고 느껴지면

무척 서운할 거야.

친구의 생각을 존중해 주었을 뿐인데

어느 순간 친구가 그걸 너무 당연하게 여겨서 화가 나지.

그럴 땐 네 생각을 분명히 말하도록 해.

여러 번 말해도 받아들여지지 않는다면

친하게 지내지 않아도 괜찮아.

그렇지만 친구가 잘 모르고 한 행동일 수도 있으니

네가 어떤 점 때문에 화가 나고 서운한지

정확히 말해 주는 것도 좋아.

친구에게 슬기롭게 말하는 법

- 다른 친구들의 의견도 들어보고 결정하자.
- 네가 할 일은 네가 하면 좋겠어.
- 내 의견도 들어줬으면 좋겠어.

친구가 나를 무시하는 것 같아

나를 놀리는 훈이 때문에 속상해.

민희가 내 시험 점수를 보고 깔깔 웃었어.
칫, 자기는 얼마나 잘 봤다고!

내가 지나가면 뒤에서 쿡쿡 웃는 친구들이 있어.
너무 불쾌해.

자꾸 내 외모를 지적하며 웃는 선영이,
도대체 왜 저러는 거야?

친구가 나를 존중하지 않는다고 느끼면 기분이 좋지 않을 거야.

특히 나를 무시하는 것 같은 말이나 행동을 하면

큰 상처를 받게 되지.

누군가의 말 때문에 여러 친구의 놀림감이 되고

그 일이 반복된다면

단호하게 말해서 계속하지 않게 해야 해.

만약 단호하게 말해도 계속한다면

선생님이나 부모님께 말씀드려서

그렇게 행동하지 않도록 해야 해.

친구에게 슬기롭게 말하는 법

- 그만해. 기분 나쁘니까 놀리지 마.
- 속상하니까 그렇게 말하지 말아 줘.

이런 친구가 있다면 거리를 둬야 해

지금 불편한 친구가 있다면 아래를 읽고 몇 개나 해당하는지 확인해 보자.

☐ 친구와 마주치는 게 자꾸 꺼려진다.
☐ 그 친구를 보면 웃음이 나오지 않는다.
☐ 친구의 기분을 자꾸 살피게 된다.
☐ 친구가 없는 자리가 편하다.
☐ 친구가 친절하게 대해주면 지나치게 마음이 놓이고 고마운 마음이 든다.
☐ 친구가 있는 자리에서는 말하기 전에 긴장이 된다.
☐ 친구가 누군가를 비난하는 말이 나에게 하는 말 같다.
☐ 친구를 떠올리면 마음이 답답하다.

만약 세 개 이상 해당되는 친구가 있다면 가깝게 지내지 않는 게 좋아. 어쩔 수 없이 멀리 할 수 없는 상황이라면 만나는 횟수를 조금씩 줄여 봐.
만나지 않았을 때 마음이 더 편하다면 계속해서 거리를 두도록 하자.

상황극으로 말하기 연습하기

친구에게 하고 싶은 말이 있는데 용기가 나지 않는다면 연극처럼 미리 연습을 해 보는 것도 도움이 돼. 머릿속으로 상황을 구체적으로 상상하고 실제로 소리 내어 말을 해 보는 거야.

1
친구에게 하고 싶은 말이 있는데 하지 못했던 상황을 떠올려 봐.

2
그다음 친구에게 말하고 싶은 내용을 공책에 써 봐. 잘 떠오르지 않으면 부모님과 상의해도 좋아.

3
친구 역할을 해줄 사람을 찾아서 하고 싶은 말을 연습해 보자. 가족에게 친구 역할을 부탁해 봐.
(만약 그럴 사람이 없다면 혼자서 거울을 보며 연습해도 좋아.)

4
여러 가지 상황에 맞게 말하는 연습을 해 봐.

왜 나쁜 소문을 내고 다니는 거야!

- 선영이가 내 흉을 보고 다닌다니 정말 상상도 못 했어.
- 민형이가 내가 수지를 싫어한다고 말하고 다닌대. 도대체 왜 그런 헛소문을 퍼트리는 걸까?

친구가 나에 대해 나쁘게 말한 걸 알게 되면

기분 좋은 사람은 아무도 없을 거야.

듣자마자 화가 나서 당장 따지고 싶은 마음도 들 수 있고,

화는 나는데 혼자서 끙끙 앓는 경우도 있을 거야.

친구도 너에 대해 나쁘게 말했지만

지금은 후회하고 있을지도 모르니까 성급하게 화를 내거나

몰아붙이기보다 차분히 물어보는 것도 방법이야.

그러나 계속해서 그런 행동을 한다면 이유를 묻고

다시 그러지 않도록 단호하게 말하는 것도 필요해.

친구에게 슬기롭게 말하는 법

- 나한테 서운한 게 있다면 직접 말해 줘.
- 다른 친구를 통해 듣는 건 기분 나쁘더라.

친구의 잘난 체, 얄미워

- 입만 열면 "너는 그것도 몰라?"라고 핀잔주는 주희가 얄미워!
- 툭하면 친구들에게 "한심하다"라고 말하며 으스대는 정욱이, 오늘도 또야?

친구들과 이야기를 나누다 보면 마음이 상할 때가 있어.

내 잘못을 지적하거나, 나를 평가하는 말을 늘어놓으면

무안해서 얼굴이 빨개지기도 해.

그런 친구들은 자기가 하는 말이

상대에게 상처가 될 수도 있다는 걸 잘 모를 수도 있어.

그럴 때는 잘잘못을 따지기보다는

서로를 이해하고

존중하는 말하기가 필요하다는 것을 알려 줘.

친구에게 슬기롭게 말하는 법

- 우리끼리 재밌게 이야기하는데 맞고 틀리고가 중요한 건 아니라고 생각해.
- 그렇게 말하면 나는 속상해. 다음부터는 조심해 줘.

왜 내 물건을 함부로 사용하는 거야?

💙 내가 제일 좋아하는 샤프를 마음대로 가져가서 쓰다니 너무해 정말!

💙 미술 시간에 가위를 안 가져왔다며 내 가위를 가져가 쓰는 짝꿍, 화가 나!

소중하게 여기는 물건을 누군가 함부로 다루었을 때

화가 나는 건 당연해.

그럴 때 바로 돌려달라고 말하는 친구도 있지만

친구가 기분 나쁠까 봐

속으로만 끙끙대고 말하지 못하는 경우도 많아.

내 물건을 함부로 쓴 친구가 밉겠지만

말하지 않으면 친구는 내 마음을 모를 수 있어.

또 물건의 의미는 사람마다 다르므로

내가 소중히 여기는 물건이고 함부로 쓰지 않았으면 좋겠다는 것을

친구에게 알려 주면 좋아.

친구에게 슬기롭게 말하는 법

- 내 학용품을 쓸 때는 미리 말해 줄래?
- 내일까지 꼭 돌려줘야 해.
- 내가 정말 좋아하는 물건이니까 조심히 사용해 줘.

나에게 위험한 행동을 하는 친구

나만 보면 종이를 던지며 웃는 친구,
정말 기분 나빠.

툭하면 윽박지르고 때리는
쟤오 때문에 학교 가기 싫어.

우리 반 단체 채팅방에서
아무도 내 말에는 대꾸를 안 해.

나에게 심부름을 시키는 규리,
하기 싫다고 하면 너무 무서운 얼굴이 돼.

승훈이가 나에 대해 안 좋게 말하고 다녀서
다른 친구들과 사이가 나빠졌어.

신체적으로나 정신적으로 누군가에게 괴롭힘을 당하는 건

무척 힘든 일이야.

그렇기 때문에 그런 상황이 계속되게 놔두면 안 돼.

그만하라고 단호하게 말해야 해.

하지만 정말 심각하다고 생각될 때는

선생님이나 어른들께 꼭 알려야 해.

채팅방에서도 친구들이 따돌리거나 놀리는 일이

반복될 때는 방을 나오는 게 좋아.

너를 괴롭히는 상황으로부터 일단 벗어나는 게 중요하단다.

친구에게 슬기롭게 말하는 법

- 나에게 던지지 말아 줘. 장난이라도 기분이 나빠.
- 때리지 마. 이건 나쁜 행동이야.

단호한 말하기는 단단한 자존감으로부터

친구가 내 흉을 보고 다니거나 자기 멋대로만 하려고 할 때 당당하게 묻고 따지고 싶어도 생각만 해도 심장이 두근거리거나 자신이 없어서 말을 못 하는 경우도 많을 거야. 원래 다툼을 좋아하지 않는 성격이기 때문에 그럴 수도 있고 친구와 사이가 멀어질까 봐 염려되어 말하기 어려울 수도 있어. 누군가에게 단호하게 말하려면 나에 대한 자신감이 우선되어야 해.

그렇다면 나에 대한 믿음이나 자신감은 어디서 나오는 걸까? 그건 나를 인정하고 좋아하는 마음에서부터 시작되는 거야. 나를 인정하니까 내가 느끼고 생각하는 것에는 그럴만한 이유가 있다고 믿는 거지. 물론 이것은 잘난 체하는 것과는 달라야 해. 무조건 내가 맞다는 게 아니라 내가 느끼는 감정을 존중해 주는 거야.

나를 지키고 보호할 사람은 나니까. 부모님이든 다른 친구든 나를 도와줄 수는 있어도 내 문제를 매번 해결해 줄 수는 없어.
그러므로 나를 아끼는 마음을 갖고 내 감정을 잘 들여다보며 나를 지켜 줘.

자존감을 키우는 연습

1. **오늘 있었던 일을 글로 써 봐.**

   오늘 주희가 나 보고 그것도 모르냐며 비웃었어.

2. **그 일에 대해 어떤 감정이 드는지 적어 봐.**

   주희의 말을 들었을 때 당황스럽고 창피했어. 친구들도 주희의 말을 듣고 나에 대해 그렇게 생각할까 봐 걱정도 돼.

3. **나에게 '괜찮다.'라고 말해 줘.**

   주희가 비웃었을 때 속상한 건 당연해. 그러나 모든 것을 다 알 수는 없잖아? 주희는 달리기를 못 하잖아. 그러니 괜찮아.

4. **같은 상황이 반복되면 어떻게 할지 적어 봐.**

   주희에게 그렇게 말하지 말라고, 기분이 나쁘다고 말할 거야.

자꾸 규칙을 안 지키면 어떡해

💚 줄을 서 있는데 얌체같이 자꾸 끼어드는 친구가 있어. 어쩌지?
💚 예리는 게임을 할 때마다 자기가 유리한 쪽으로 규칙을 바꾸려고 해. 얄미워, 정말.

여럿이 함께 생활하기 위해서는 규칙이 필요해.

그런데 규칙을 가볍게 여기고 마음대로 하려는 친구들도 있어.

중간에 규칙을 멋대로 바꾸거나 지키지 않는 친구들을 보면

화가 나고 밉기도 할 거야.

잘못인 줄 모르고 행동한 친구도 있을 수 있지만,

알면서도 그렇게 행동한 친구도 있을 거야.

친구들에게 잘못된 행동이라는 걸 알려 줄 때는

잘난 척하거나 공격하는 투로 말하지 않는 게 좋아.

대신 앞으로 어떻게 하는 게 좋을지 제안하는 방식으로 말하면

친구도 더 받아들이기 쉬울 거야.

친구에게 슬기롭게 말하는 법

- 먼저 도착한 사람이 앞에 서고 늦게 온 사람은 뒤로 가자. 순서대로 하자.
- 처음 약속한 규칙대로 하자. 자꾸 규칙을 바꾸면 다들 헷갈릴 거야.

으, 시끄럽잖아!

💙 으, 시끄러워. 선생님 목소리가 안 들리잖아!
💙 종민이랑 현규가 장난치는 바람에 선생님이 화나셨어. 분위기가 순식간에 얼어붙었다니까!

공부가 지루하다고 느껴질 때도 많아.

그래서 옆 친구에게 말을 걸거나 장난을 치는 친구들도 있어.

그렇지만 이런 행동은 반 친구들에게 피해를 주지.

수업 중 떠드는 친구 때문에 신경이 쓰인다면

친구의 어떤 점이 방해되었는지 어떻게 해주었으면 하는지를

정확하게, 차분히 표현해야 해.

감정적으로 표현하지 말고

구체적으로 말한다면 더 좋을 거야.

친구에게 슬기롭게 말하는 법

- 떠드는 건 쉬는 시간에 하고 선생님 말씀에 집중하자.
- 지금은 수업 시간이야. 조용히 하자.

꼬치꼬치 묻는 건 부담스러워

시은이랑 뭐 하고 놀았는지
시시콜콜 알려 달라는 이유가 뭐야?

누구랑 어디 가서 뭐 하고 놀 거냐고 자꾸 묻는 친구,
부담스러워!

우리 집이 아파트인지, 빌라인지
그런 게 왜 궁금한 거야?

학원에서 뭘 배웠는지, 얼마나 진도가 나갔는지
왜 매일 묻는 거야?

친구가 생기면 그 친구에 대해 알고 싶은 게 많아져.

누군가가 궁금한 게 많고 질문을 많이 한다면

너에게 호감이 있다는 뜻일 거야.

그렇지만 상대가 호감을 느낀다고

나도 똑같은 마음이 되지는 않아.

친구의 감정은 친구의 감정이고 내 마음은 내 마음이니까.

만약 친구의 지나친 관심이 부담스럽다면

너의 마음을 잘 말해 봐.

친구에게 슬기롭게 말하는 법

- 다른 친구와 있었던 일을 자세히 말하고 싶지는 않아.
- 그런 이야기는 더 친해지면 말하고 싶어.

말하기 연습하기

말하기도 연습이 필요해. 말하기의 단계를 나누어 연습해 보는 것도 좋은 방법이 될 거야. 한번 해 볼까?

◆

지우 생일 선물 사러 같이 가자고 했는데 네가 말도 없이 다른 친구를 〔상황 설명하기〕 데려와서 조금 당황했어. 앞으로는 이런 일 있으면 나한테 미리 알려 줘.
〔감정 표현하기〕 〔바라는 점 말하기〕

●

새로 산 옷을 입고 갔는데 네가 보자마자 안 어울린다고 하면서 웃으니까 〔상황 설명하기〕 창피하기도 하고 기분이 좋지 않았어. 다음부터는 그런 장난은 하지 말아 줘.
〔감정 표현하기〕 〔바라는 점 말하기〕

친구에게 이렇게 다가가자

◆ **내가 먼저 한발 다가가 보자.**
좋은 친구가 다가오기를 기다리기보다 먼저 다가가 손을 내밀어 봐. 다만 처음부터 너무 욕심부리지 말고 천천히 다가가는 거야.

● **친구의 말을 귀담아듣자.**
친구의 말을 귀담아듣다 보면 그 사람이 어떤 생각을 주로 하고, 어떤 성격을 가진 사람인지 알 수 있어. 나와 비슷한 점이 많다면 더 쉽게 가까워질 수도 있을 거야.

◆ **사소한 일에 화를 내거나 짜증을 부리지 말자.**
사소한 일로도 짜증을 낸다면 친구들이 너의 감정을 예측하기 어려워서 가깝게 지내기 힘들어할 거야. 쉽게 화를 내거나 짜증을 내는 습관을 갖고 있다면 조금씩 고쳐 나가는 노력이 필요해.

● **친구에 대해 나쁜 말을 하면 쉽게 동의하지 말자.**
누군가 친구에 대해 나쁜 말을 하더라도 쉽게 동의하지 말자. 남의 말에 휩쓸려서 친구에 대해 험담을 하는 것은 믿음을 깨뜨리는 일이니까.

3

존중하고 배려하며 말해요

친구의 말과 행동이
이해되지 않을 때

나와는 생각이 다른 것 같아

💙 준호가 승준이에 대해 자꾸 나쁘게 말해. 나도 승준이와 친하게 지내지 말라고 하는데, 그건 아니잖아!

💙 재영이가 자꾸 놀러 가자는데 나는 학원에 가고 싶어.

친구의 말과 행동이 나와 다를 때도 많고

이해가 되지 않을 때도 있을 거야.

어제까지 함께 재밌게 놀았더라도

오늘은 나와 생각이 다를 수 있단다.

그럴 때 친구와 사이가 나빠지지 않을까 염려해서

내 생각과 다른 친구의 말에 억지로 동의하거나

하기 싫은 것을 함께 할 필요는 없어.

네가 어떻게 하고 싶은지 잘 생각하고

네 마음에 따르는 게 좋아.

또 친구도 자신의 행동에 대해 돌아보는 계기가 될 수도 있어.

친구에게 슬기롭게 말하는 법

- 너를 좋아하지만 나는 네 생각과는 달라.
- 나는 그렇게 생각하지 않아. 친구 사이라고 해도 생각이 다를 수 있음을 인정하자.
- 학원에 빠지면 부모님이 걱정하실 거야. 나는 학원에 갈게.

서운해, 정말 정말 서운해!

💙 유진이가 반장 선거에서 나 말고 다른 친구를 뽑았어. 꼭 나를 뽑겠다고 약속해 놓고는! 서운해, 서운해!

💙 학교 끝나고 준호가 나와 축구 경기를 하기로 했는데 다른 친구와 먼저 집에 가버렸어. 다음번에 내가 기다리나 봐라!

친한 친구일수록 이상하게 서운할 일이 많이 생겨.

그건 아마 가까운 사이라서 더 많은 기대를 하기 때문일 거야.

친하지 않은 친구라면 나를 반장으로 뽑지 않았더라도

별로 서운하지 않았을 테니까 말이야.

하지만 모두에게는 자기의 생각과 상황이 있어.

그러니 서운한 일이 있었다면 친구의 입장이 되어 한 번 생각해 봐.

그리고 서운했던 마음을 솔직하게 이야기해 보면 어떨까?

말하지 않으면 친구가 내 마음을 모를 수도 있으니까.

다만 너무 따지듯이 말해서는 안 되겠지?

친구에게 슬기롭게 말하는 법

- 아까는 서운했어. 너에게도 이유가 있겠지만 내 마음도 생각해 줄래?
- 무슨 일 있었어? 왜 약속을 안 지킨 거야? 기다리다가 속상했잖아.
- 앞으로는 약속을 못 지킬 것 같을 때는 미리 말해 줘.

뭐든지 같이 하자는 친구는 피곤해

- 시도 때도 없이 문자 보내고 만나자는 친구는 어떡하지?
- 종연이가 연락도 없이 우리 집에 찾아왔어. 이러면 곤란한데…….

어떤 친구들은 뭐든지 같이 하고 싶어 해.

내가 거절의 뜻을 밝혀도

자기가 원하는 대로 하고 싶어서 조르는 친구들도 있지.

혹시 다른 친구에게 그런 적은 없었는지 지금 한번 떠올려 봐.

아무리 친한 친구 사이라도 적당한 거리가 필요해.

너무 가깝게 지내다 보면 서로 자유를 침범하게 되는데

자유롭지 못하면 답답함을 느끼고 벗어나고 싶어지니까

결국 둘의 사이는 멀어지게 될 거야.

친구 사이에도 서로 지켜야 할 선이 있다는 걸 잊지 마.

친구에게 슬기롭게 말하는 법

- 지금은 학원에 가야 하니까 나중에 연락하자.
- 갑자기 찾아와서 놀랐어. 다음에는 미리 연락을 해 줘.

혼자 결정하면 어떡해!

약속 시간을 내게 물어보지도 않고
혼자 정해버리는 친구,
정말 별로야.

운동장에서 노는데
자기 멋대로 순서를 정해 버렸어.
왜 혼자 멋대로 하는 거야?

승준이는 자기가 가고 싶은 장소를 고르더니
모두에게 따라오래.
쳇, 자기가 대장인가?

반장이면 다야?
왜 자리를 옮기라 말라 참견이야?

누군가의 지시로 무언가를 한다는 건 유쾌한 일이 아니야.

특히나 친구에게 그런 이야기를 들으면 더욱 기분이 상하지.

친구 사이에서도 인기가 많거나 힘이 센 친구들이

자기 마음대로 결정하고

다른 친구에게 따르라는 경우가 있어.

만약 마음을 숨기고 친구가 시키는 대로 하면

그 친구는 그래도 된다고 생각하고

다음에 또 너에게 그렇게 행동할 수 있어.

그러므로 네 생각을 분명하게 단호하게 말해 줘.

친구에게 슬기롭게 말하는 법

- 너 혼자 결정하지 말고 다른 친구의 생각도 들어보자.
- 앞으로는 같이 이야기해서 결정하자.
- 네 의견은 알았어. 이제 내 의견을 말할게.

나의 경계에는 어떤 것이 있을까?

누구에게나 자기가 지키고 싶은 경계선이 있어. 그런데 사람마다 그 선이 모두 달라서 때로는 선을 넘는 실수를 하기도 해. 그러므로 내 선에 대해 친구들에게 정확히 알려 줄 필요가 있어.
괜히 아닌 척 참고 넘기지 말고 꼭 지켜줬으면 하는 행동이 있으면 부드럽게 이야기하는 게 좋아. 이렇게 내가 지키고 싶은 나의 경계에는 어떤 것들이 있을까?

◆ **내 마음의 경계**
  "너무 급하게 친해지려고 다가오면 부담스러워."

● **몸의 경계**
  "누군가 내 몸을 함부로 만지면 불쾌해."

◆ **내 생활의 경계**
  "내 생활에 간섭하며 이래라저래라 하면 피곤해."

● **내 물건의 경계**
  "친구들이 묻지도 않고 내 물건을 쓰면 기분 나빠."

내가 원하는 친구

'친구는 제2의 나'라는 말이 있어. 어떤 사람을 알려면 그 사람의 친구를 보라는 말도 있지. 그만큼 가까운 친구는 나를 비추는 거울 같은 존재야. 그렇기 때문에 네가 친구에게 바라는 점이 있다면 나부터 그런 사람이 되도록 노력해야 해. 구체적으로 한번 떠올려 볼까?

1. 어떤 친구와 있을 때 가장 기분이 좋고 편안하니? 그 이유를 적어 봐.

   _____

2. 친구로 인해 불편하고 불쾌한 경험이 있었다면 어떤 점 때문이었니?

   _____

3. 이런 친구는 되지 말아야지 하는 모습이 있다면 적어 봐.

   _____

4. 지금까지 친구들에게 들었던 이야기를 떠올려 봐. 너는 친구들에게 어떤 친구인 것 같니? 너는 어떤 친구가 되어 주고 싶니?

   _____

왜 내 비밀을 말한 거야?

💙 비밀로 하기로 약속해 놓고 다른 친구한테 말하면 어떡해!
💙 내가 준혁이 좋아한다는 걸 성윤이가 호수에게 말했대. 너무해 정말.

친한 친구와 이야기를 하다 보면

비밀을 털어놓게 되는 경우가 있어.

그렇게 꺼낸 이야기가 다른 사람에게

알려지지 않았으면 하는 비밀이라면

친구에게 비밀이니까 반드시 지켜달라는 말을 해야 해.

만약 꼭 지키고 싶은 비밀이라면

다른 사람에게 말하지 않는 것이 좋아.

너의 비밀을 지키지 못한 친구도 잘못이지만

그 비밀을 털어놓은 너에게도 책임은 있으니까.

친구를 원망하고 몰아세우기보다는

앞으로 서로 조심하는 게 어떨까.

친구에게 슬기롭게 말하는 법

- 내 비밀을 다른 친구가 알고 있어서 당황했어. 어쩌다 말하게 된 거야?
- 너를 믿고 이야기한 건데 다음부터는 조심해 주면 좋겠어.

함부로 행동하지 말아 줘

💚 함부로 내 몸을 만지고 밀치는 행동은 불편해!
💚 나를 자꾸만 놀리는 지훈이가 미워!

신체적인 표현이 익숙한 사람이 있고 그렇지 않은 사람이 있어.

모두가 나와 같은 방식으로 생각하고 행동하는 것이 아니라는 걸

아는 건 매우 중요해.

팔짱을 끼거나 손잡고 싶다면

먼저 친구의 의견을 물어보는 게 좋아. 자연스럽게 말이야.

웃으면서 옆 사람을 치는 행동도

누군가에게는 불쾌한 일이 될 수 있어.

만약 친구가 나에게 반복해서 그런 일을 한다면

내 기분을 정확하게 이야기해 줘.

친구에게 슬기롭게 말하는 법

- 갑자기 누가 내 몸을 만지는 건 좋아하지 않아. 먼저 물어봐 줄래?
- 자꾸 내 팔을 때리지 않았으면 좋겠어. 팔이 아프거든.

나에겐 시간이 필요해

주영이가 같이 스케이트 타러 가자고 하는데
난 가기 싫은데 어쩌지?

현수가 오늘 우리 집에 놀러 가도 되냐고 자꾸 묻는데
뭐라고 해야 할지 난감해.

친하지 않은 친구가 집으로 초대하면
뭐라고 답해야 할지 모르겠어.

새로 전학 온 친구가
나랑 친해지고 싶다며 갑자기 다가와.
조금 부담스러운데 어쩌지?

친구가 무언가를 하자고 할 때 여러 가지 이유로

망설여질 때가 있어.

다른 친구나 가족과의 약속이 겹칠까 봐 염려될 수도 있고

그 친구와 아직 함께 놀러 다닐 정도로

가깝다고 느끼지 않아서 곤란할 수도 있어.

 그럴 때는 친구에게 솔직하게 말하고

생각할 시간을 달라고 하는 것도 좋은 방법이야.

만약 혼자 결정하기 어렵고 부모님께 동의를 구해야 하는 일이라면

더더욱 신중하게 대답하는 게 좋아.

친구에게 슬기롭게 말하는 법

- 지금 대답하기가 어려운데 조금만 시간을 줄래?
- 그건 나 혼자 정하기가 어려워. 부모님께 여쭤보고 말해 줄게.

존중하는 말하기, 어떻게 할까?

간혹 어떤 친구가 하는 말을 들으면 내 생각과 너무 비슷해서 깜짝 놀랄 때가 있어. 그러면 왠지 더 반갑고 친근한 기분이 들어. 만난 지 얼마 안 된 친구라면 호감이 생기고 더 친해지고 싶다는 생각도 들지.

문제는 나와 다른 생각을 가진 친구를 대하는 일이야. 나와 다르다는 이유로 그 친구를 이상한 사람 취급하거나 미워해서는 안 돼. 함부로 오해하는 일도 물론 조심해야 하지.

실제로 친구들과 지내다 보면 말처럼 쉽지는 않을 거야. 그렇기 때문에 모두가 나와 다른 사람이고 다른 만큼 생각이 다른 것도 당연한 일이라는 걸 자주 되뇌어야 해. 그래서 존중하는 말하기가 중요해. 친구를 이해하고 존중하겠다는 뜻을 담은 말들에는 어떤 것이 있을까?

◆ "그럴 수 있지."

● "말해 줘서 고마워."

존중하는 말하기, 어떻게 할까?

- ◆ "너는 어떻게 생각해?"

- ● "아, 너는 그렇구나."

- ◆ "이렇게 하면 어때?"

- ● "네 이야기를 듣고 보니 이해가 된다."

내가 친구에게 듣고 싶은 존중하는 말하기는 어떤 것이 있을까? 아래에 적어 보자.

_____

_____

당당하고 재치 있게 말해요

긴장되거나 낯선 상황에
놓였을 때

나도 친구처럼 잘하고 싶어

💚 나도 지민이처럼 친구들에게 인기가 많았으면 좋겠어.

💚 나도 정훈이처럼 축구를 잘하고 싶어.

우리는 모두 다른 성향을 갖고 있어.

어떤 친구는 활발하고 어떤 친구는 내성적이야.

그리고 모든 사람은 장단점을 갖고 있지.

좋기만 하거나 나쁘기만 한 사람은 없어.

그렇기 때문에 내 성향을 잘 파악하고

그 성향에 맞게 행동하고 말하는 게 중요해.

남을 부러워하는 대신 내가 가진 좋은 점에 더 집중하면

자신감도 생기고 기분 좋게 생활할 수 있을 거야.

나의 특성을 잘 파악하고 장점을 찾아봐.

친구에게 슬기롭게 말하는 법

- 인기 많은 네가 부러워.
- 나도 너처럼 잘하고 싶은데, 잘 안 되네. 비결이 뭐니?

좋아하는 친구가 생겼는데 어떻게 말하지?

💙 상민이만 보면 가슴이 쿵쾅쿵쾅. 난 몰라. 좋아하나 봐!

💙 지호랑 이야기하면 재밌어. 지호와 친해지고 싶은데 어떻게 해야 할까?

좋아하는 친구가 생기는 건 기쁜 일이야.

특별한 일이 없어도 그 친구 생각을 하면 신나고 기분이 좋으니까 말이야.

그러다 보면 점점 그 친구와 친하게 지내고 싶은 생각이 드는데 어떻게 다가가야 할지 모르겠다는 생각도 들 거야.

그렇다고 내 감정만 앞세워서 갑자기 친해지려고 하면 그 친구도 부담스러울 수 있을 거야.

처음엔 가볍게 공통된 이야깃거리로 대화를 해 보는 거 어떨까?

가까워지고 나면 너의 마음을 솔직하게 표현해도 되겠지?

친구에게 슬기롭게 말하는 법

- 너도 만화 좋아하는구나? 나도 만화를 좋아하는데……. 요즘엔 어떤 게 재밌어?
- 사실은 처음부터 너와 친해지고 싶었어.
- 우리 앞으로 친하게 지내자.

모두 나만 쳐다보는 것 같아

수업 시간에 선생님께
질문을 받으면 너무 떨려!

한꺼번에 여럿이 나를 쳐다보면
어찌해야 할 바를 모르겠어.

머리카락을 잘랐는데 친구들이
다 내 머리만 보는 것 같아!

뜀틀 체육 시간,
모두 쳐다보고 있으니까
다리가 얼어붙었어!

수업 시간에 선생님이 내 이름을 불러서

심장이 '쿵' 떨어지는 것처럼 깜짝 놀란 경험은

누구나 있지 않아?

혹시나 내가 틀린 답을 말하게 될까 봐

걱정되어 초조하기도 하지.

머리카락을 자르는 것처럼 눈에 띄는 변화가 있을 때도

친구들이 어떻게 생각할까 염려해서 긴장되기도 해.

민망하고 부끄럽고 긴장되는 마음은 자연스러운 감정이야.

이렇게 떨리는 게 당연하다고 인정하고 나면

조금 더 편안한 마음이 될 수 있을 거야.

친구에게 슬기롭게 말하는 법

- 갑자기 질문받아서 긴장되는데 조금만 생각할 시간을 줘.
- 부끄러워서 뭐라고 해야 할지 모르겠어. 너희는 이럴 때 어때?

내 장점은 어떻게 찾을까?

누구에게나 장점이 있다고는 하지만 자신의 장점이 무엇인지 잘 모르는 친구들도 많을 거야. 자기에 대해 곰곰이 생각해 본 경우가 없다면 모를 수 있어.

좋아하는 연예인에게 관심을 기울이고 그 연예인의 말과 행동을 곱씹어 보는 친구는 많아도 정작 자기 자신에 대해 깊이 있게 생각해 본 친구는 거의 없을 수 있어.

이 기회에 자기의 장점을 찾아보는 건 어때? 아래의 질문에 답해 보면서 나의 장점을 찾아봐.

◆ 평소 친구들에게 자주 들었던 말은 무엇이 있니? 그중에서 나의 좋은 점이나 장점으로 꼽을 수 있는 것은 어떤 것이 있어?

___

● 친구들은 어렵고 힘들다고 하는데 나는 그렇지 않은 일에는 어떤 것이 있을까?

___

내 장점은 어떻게 찾을까?

◆ 나의 성격에 대해 종이에 써 봐.

● 나의 좋은 점과 좋지 않은 점 모두를 솔직히 써 본 후 고쳐야 할 점과 칭찬할만한 점을 나누어 생각해 봐.

◆ 잘 떠오르지 않을 때는 가족이나 친구들에게 물어보고 적어 보자.

● 나를 격려하고 칭찬하는 말을 써 보자.

너무 낯설어!

- 친한 친구가 없으니까 아침마다 교실에 들어가기 두려워.
- 점심시간에 누구랑 밥을 먹지? 내가 같이 먹자고 해도 괜찮을까?

새 학년의 반 배정이 있는 날이면 정말 긴장되지?

쭈뼛쭈뼛 교실에 들어가서 낯선 자리에 찾아가 앉고

괜히 두리번거리기도 하고 말이야.

쉬는 시간엔 누구랑 말할지, 점심은 누구랑 먹을지 고민이 돼.

그렇지만 너무 걱정할 것 없어.

친구들도 모두 비슷한 마음일 테니까.

만약 친구가 먼저 다가오지 않으면 네가 먼저 다가가 봐.

친구에게 슬기롭게 말하는 법

- 안녕, 나는 ○○○야. 넌 이름이 뭐야?
- 오늘 점심에 나랑 급식 같이 먹을래?
- 너희 집은 어디야? 수업 마치고 같이 간식 먹을래?

발표, 떨려

- 내일은 모둠 수업 발표날, 너무 떨려서 잠이 안 와!
- 수업 시간에 발표하는데 목소리가 덜덜 떨려서 창피했어.

사람들 앞에 나서서 이야기하거나 발표하는 일은

무척 긴장되는 일이야.

아마 경험이 적고 잘해야 한다는 부담감이 커서일 거야.

그렇지만 학교라는 곳은 너희들이 무언가를 배우는 곳이야.

발표도 배우는 과정 중 하나라고 생각하면

훨씬 마음이 편해질 거야.

완벽해지려는 마음을 버리고 나는 지금 배우는 중이라고 생각해.

또 긴장감을 숨기려고 하지 말고 솔직하게 털어놔.

그러면 훨씬 편안해질 거야.

친구에게 슬기롭게 말하는 법

- 발표하려니까 너무 떨리네. 사실 어젯밤 잠도 못 잤지 뭐야.
- 잠깐 쉬었다가 발표해도 될까요?
- 내가 떨더라도 이해해 줘. 최선을 다해 볼게.

나도 함께 놀고 싶어

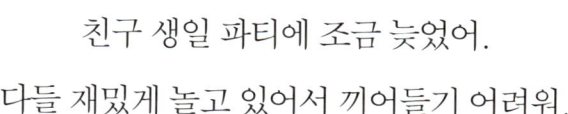

하필이면 안 친한 친구들이랑 모둠이 되었어.
어색한데 뭐라고 말해야 하지?

친구 생일 파티에 조금 늦었어.
다들 재밌게 놀고 있어서 끼어들기 어려워.

친구들은 재밌어 보이네.
나도 채린이랑 같은 반이 되었으면
저렇게 재밌었을 텐데…….

전학을 가니 나 빼고 모두 친해 보여.

나는 혼자인데 친한 친구들끼리 함께 몰려 있는 걸 보면

부러운 마음이 들어.

함께 놀고 싶은데 친구들이 나를 반겨줄지

어떻게 다가가야 좋을지 몰라서 망설이게 되지.

그렇다고 빨리 친해지고 싶은 욕심에

과장된 말이나 행동으로 다가가면

오히려 좋지 않은 반응이 날 수도 있어.

조급한 마음을 버리고 천천히 친해지려고 해 봐.

나를 멋지게 보여주면서 말이야.

 친구에게 슬기롭게 말하는 법

- 얘들아, 나도 같이 놀자.
- 혹시 급식실이 어딘지 알려 줄 수 있니?
- 나도 같이 놀고 싶은데, 끼워줄 수 있어?

긴장되는 마음은 이렇게 달래자

새 학년은 누구나 떨리는 마음으로 시작할 거야. 낯선 교실을 향해 가면서 '교실에 누가 있을까', '아무도 아는 사람이 없으면 어쩌지?', '선생님은 어떤 분이실까' 등등 여러 걱정과 기대를 품기도 하고 말이야.

고개를 쭉 빼고 교실을 들여다보며 복도 앞에서 서성인 적도 있을 거야. 만약 긴장이 많이 된다면 그럴 때는 일단 크게 심호흡을 해 봐. 천천히 숨을 들이마시고 내쉬는 걸 반복하다 보면 떨림이 조금 진정될 거야.

그리고 나뿐만이 아니라 모든 친구가 그런 긴장감을 느끼고 있다는 것도 기억해. 무엇보다 긴장감 자체는 나쁜 것이 아니야. 그 감정도 네가 살면서 느낄 수 있는 소중한 감정 중 하나라는 걸 잊지 마.

새 학년 새 반에 익숙해지면 긴장감은 조금씩 줄어들 거야. 어쩌면 새 학년의 긴장감은 그때만 느낄 수 있는 기대감 같은 것 아닐까?

새로운 친구들과 이렇게 이야기해 봐

◆ **가벼운 인사를 하면서 서로에 대한 긴장을 풀어 봐.**
"안녕, 나는 ○○○야. 넌 이름이 뭐야?"
"난 작년에 ○반이었어. 넌 몇 반이었어?"

● **낯익은 친구가 있다면 그 친구에게 먼저 다가가도 좋아.**
"안녕, 작년에 ○반이었지? 복도에서 본 적 있어."
"너 ○○ 알지 않아? ○○에게 네 이야기 들었어. 나랑 학원 같이 다니거든."

◆ **공통된 생각이나 주제로 이야기를 이어가면 자연스러울 거야.**
"우리 담임선생님 어떤 분인지 알아?"
"너 혹시 ○○에 가 봤어? 나 지난주에 다녀왔거든."

● **친구의 마음을 읽어 주면 더 친근하게 느낄 수 있을 거야.**
"아, 그런 일이 있었구나. 속상했겠다."
"정말? 너무 재밌었겠는걸?"

5

내 마음을 말하고 싶어요

꾸밈없이 솔직하게
말해야 할 때

누가 도와줬으면……

- 도와달라는 말을 하는 게 어쩐지 자존심 상해.
- 할 일이 너무 많아. 누가 함께하면 좋겠는데 어떻게 말하지?

누군가에게 도움을 요청하는 일이 익숙하지 않을 수 있어.

내가 부족한 사람처럼 느껴져서 자존심이 상한다거나

혹시나 거절당할까 봐 걱정이 되면 더더욱 그렇지.

그렇지만 우리는 함께 살아가는 존재야.

당연히 혼자서는 할 수 없고 도움이 필요한 일들이 있어.

어른들도 힘들 때는 도와달라고 하거든.

용기 내어 도와달라고 해 봐.

친구도 너를 도와주며 뿌듯함을 느끼게 될 거야.

친구에게 슬기롭게 말하는 법

- 혼자 하니까 잘 안되더라. 나 좀 도와줄래?
- 도와줄 사람이 필요한데 괜찮으면 나랑 같이할래?

내 뜻대로 안 되면 화가 나

💙 지영이가 실수해서 내 그림을 망쳤어. 화가 나서 "너 때문에 다 망쳤잖아!"라고 말하고 말았어.

💙 체육 시간에 친구들에게 "그것도 못 해?" 하고 짜증을 냈어.

기대하거나 계획했던 일이 그대로 되지 않으면

화가 날 수 있어.

그건 그만큼 그 일이나 사람에 대한

기대가 컸다는 뜻이야.

그렇지만 그럴 때마다 짜증을 낸다면

주변 사람들이 너를 대하는 걸 점점 힘들어하게 될 거야.

결국엔 너와 마주하는 걸 피하게 될 수도 있지.

화가 날 때는 조금 멈춰서 호흡을 가다듬도록 해.

화를 낸 친구에게는 정중하게 사과하자.

친구에게 슬기롭게 말하는 법

- 미안해. 잘하고 싶은 마음이 너무 커서 그랬나 봐.
- 속상한 마음에 나도 모르게 화를 냈네. 미안해.

고마운 마음은 어떻게 표현하지?

주영이가 나를 도와줬어.

고맙다고 하고 싶은데

미안하고 쑥스러워.

준비물을 안 갖고 왔는데 짝꿍이 빌려줬어.

체육 시간에 넘어져서 울고 있었는데

수호가 양호실에 데리고 가 줬어.

정수가 나를 괴롭힐 때

은진이가 내 편을 들어줬어.

"고마워", "미안해"라는 말은

친구와의 관계를 더 친밀하고 단단하게 이어주는 말이야.

네가 애써서 도와주었는데

친구가 당연하게 여긴다고 생각해 봐.

또 친구가 나에게 실수하고 사과 한마디 없이

그냥 지나간다면 기분이 상할 거야.

그래서 고맙고 미안하다는 말은 제때 하는 것이 중요해.

망설이지 말고 지금,

너의 마음을 표현해 봐.

친구에게 슬기롭게 말하는 법

- 도와줘서 빨리 끝낼 수 있었어. 고마워.
- 네 물건을 쓰게 해 줘서 고마워. 망가지지 않도록 조심할게.

슬기롭게 거절하는 법

친구와 지내다 보면 거절을 해야 하는 상황이 의외로 많아. 친구가 싫어서 거절하는 것만은 아니야.

예를 들어 기분이 안 좋은데 친구가 놀자고 하거나 하기 싫은 장난을 치자고 할 때 어떻게 거절하는 게 좋을지 몰라 난감하기도 하지.

이럴 때 "지금은 놀기 싫어."라고 단호하게 말하면 친구는 자기가 싫어서 거절하는 거라고 오해할 수 있어.

그럴 땐 더 똑똑하고 부드러운 거절이 필요해.

◆ 부드럽게 거절하기

"오늘은 어려울 것 같은데 다음엔 꼭 같이할게."

"미안해. 오늘은 혼자 있고 싶은 기분이야."

"난 다른 일이 있어서 함께하지 못할 것 같아."

슬기롭게 거절하는 법

나는 그렇게 생각하지 않는데도 친구가 자기의 의견에 동의해 주기를 바랄 때가 있어.

"숙제가 너무 많은 거 같지 않아?", "선생님 너무하신 거 같지 않아?", "지영이 이상하지 않아?"처럼 별로 힘들지 않은 일을 두고 투덜대거나 마음에 안 드는 사람의 흉을 은근히 보면서 말이야.

친구의 기분을 맞춰 주느라 그런 것 같다고 말하거나 동의하고 나면 나중에 난감한 상황이 생길 수도 있어.

이럴 때는 적절하게 돌려서 거절하는 것도 방법이야.

● **돌려서 거절하기**

"글쎄, 이 정도면 괜찮지 않아?"

"아, 그래? 난 그런 생각해 본 적 없는데?"

"혹시 네가 오해한 거 아닐까?"

나는 아직도 속상해

- 민준이가 지우개를 잃어버리고는 내가 가져간 것 아니냐며 의심했어. 민준이가 미안하다고 사과했지만 너무 속상한걸?
- 미연이가 미안하다고 말했지만 그래도 화가 나. 계속 화내면 속이 좁아 보이겠지?

친구에게 사과를 받아도

금세 마음이 풀리지 않을 수 있어.

특히 친구의 말이나 행동 때문에

마음에 상처를 받았다면 더더욱 그렇겠지.

그러나 친구가 용기를 내어 사과했는데

받지 않는 것도 마음이 편치 않을 거야.

속 좁은 사람처럼 보일까 봐 신경 쓰이기도 하고.

그럴 때는 지금의 마음을 잘 이야기해 봐.

솔직하게 말하면 그 마음이 전해질 거야.

친구에게 슬기롭게 말하는 법

- 나도 미안해. 그런데 나에게 시간을 좀 줄래?
- 네가 의심해서 서운했어. 내 마음도 조금만 이해해 줄래?

친구가 답답해

- 빨리 풀고 나가서 놀자! 난 아까 끝났는데…….
- 수민이가 너무 느려서 나 혼자 교실 청소를 다 하는 것 같아. 어휴 답답해!

사람마다 마음과 행동의 속도가 달라.

내가 생각하는 것을 친구는 생각하지 못할 수도 있고

친구가 신경 쓰는 것을 나는 전혀 모르고 넘어갈 수도 있어.

서로 다르게 생각하고 행동할 수 있다는 걸

항상 염두에 두어야 해.

게다가 내 속도에만 맞추기를 강요하면

좋은 관계를 맺기 힘들 거야.

때로는 기다리고 이해하려 노력하고 먼저 나서서 돕는다면

훨씬 좋은 사이가 되겠지?

 친구에게 슬기롭게 말하는 법

- 힘든 거 있으면 말해 줄래? 우리 같이 해 볼까?
- 내가 더 빠르니까 쓰레기랑 화분 정리는 내가 할게. 책상 정리는 네가 맡아서 해 줘.

다른 친구가 더 좋아졌어

💙 아현이 보다 지호랑 노는 게 더 재밌어. 아현이가 서운해하는 것 같은데 어쩌지?
💙 고집불통 경호보다 다정한 진수가 더 편해.

친구랑 지내다 보면 처음엔 몰랐던 부분도 차츰 알게 돼.

나랑 잘 맞는 부분도 있지만 그렇지 않은 면도 있을 수 있지.

불편한 점이 계속되면 친구와 함께 보내는 시간이

즐겁지만은 않게 돼.

그러니 더 편한 친구에게 관심이 가는 것은 어쩌면 당연한 일이야.

다른 친구와 가까워지는 것에 미안한 마음을 가질 필요는 없어.

그렇지만 일방적으로 친구를 멀리하거나

상처 주는 말이나 행동을 해서는 안 돼.

친구가 서운해하는 것 같다면

같이 이야기를 나누어 보는 것은 어때?

친구에게 슬기롭게 말하는 법

- 지호도 우리랑 잘 맞을 것 같은데 같이 놀지 않을래?
- 네가 네 마음대로만 하는 것 같아서 그동안 서운했어.
- 나는 너도, 지호도 모두 친하게 지내고 싶어.

친구에게 거짓말을 했어

사실은 내 잘못인데
형규 잘못인 것처럼 말해버렸어.

친구의 물건을 잃어버리고
시치미를 뗐어.

내가 갖지 않은 물건도
가진 것처럼 말해버렸어.

미영이가 싫은데
좋은 척했어.

나도 모르게 거짓말을 할 때가 있어.

친구들에게 잘 보이고 싶어서 거짓말을 하는 일도 있고

친구들이 실망할까 봐 거짓말을 둘러대기도 해.

거짓말이 들킬까 봐 또 다른 거짓말을 하게 되기도 하지.

그러면 점점 마음이 불편하고 불안해질 거야.

그러므로 거짓말은 하지 않는 게 좋아.

이미 해버린 거짓말 때문에 마음이 불편하다면

솔직하게 털어놓아 봐.

솔직한 게 가장 마음이 편한 일이라는 것을

기억해 둬.

친구에게 슬기롭게 말하는 법

- 사실은 내가 그랬어. 당황해서 처음부터 말하지 못한 거 미안해.
- 미안해. 네가 알면 실망할까 봐 사실대로 말하지 못했어.

좋은 관계란 어떤 것일까?

나를 좋아하는 친구도 있지만 나를 싫어하는 친구도 있을 수 있어. 누군가에겐 내 말과 행동이 좋아 보여도 다른 친구에겐 그렇지 않을 수 있으니까.

내가 꼭 잘못된 행동을 해서 누가 나를 싫어하는 것은 아니야. 어쩐지 나와 맞지 않다고 느껴지는 친구들도 있어.

각자의 기준이 다르다는 걸 받아들이고 나면 모두가 나를 좋아할 수 없다는 사실도 이해할 수 있을 거야.

◆ 서로의 의견을 존중할 줄 알아야 해.

● 다른 의견이라도 자유롭게 말하고 이야기 나눌 수 있어.

◆ 친구에게 안 좋은 일이 생기면 진심으로 위로해.

● 부탁하는 일도 거절하는 일도 편하게 할 수 있어.

좋은 관계란 어떤 것일까?

◆ 잘못했을 때는 바로 솔직하게 인정하고 사과해.

● 친하다고 고맙다는 말을 빠뜨려서는 안 돼.

◆ 이해가 안 될 때도 '그럴 수도 있지.' 하고 이해하려 노력해.

● 나에게 좋은 친구가 되어 주길 바라기보다 내가 좋은 친구가 되도록 노력해.

'책읽는달'은 달이 뜨는 밤까지 책을 읽는 어린이를 좋아합니다.
시간 가는 줄 모르고 읽는 재미있는 책, 지혜로운 책을 지향합니다.

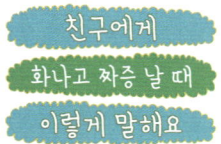

초판 1쇄 인쇄 2024년 11월 1일
초판 1쇄 발행 2024년 11월 7일

지 은 이 박선희
그 린 이 윤유리
펴 낸 이 문미화
펴 낸 곳 도서출판 책읽는달
주   소 서울시 마포구 토정로 222, 한국출판콘텐츠센터 402호
전   화 02)326-1961 / 02)326-0960
팩   스 02)6924-8439
전자우편 booknmoon2010@naver.com
블 로 그 http://blog.naver.com/booknmoon2010
출판신고 2010년 11월 10일 제2023-000183호

ⓒ 박선희, 2024

ISBN   979-11-85053-58-5   73190

※ 이 책의 무단전재와 무단복제를 금하며, 책 내용의 전부 또는 일부를 이용하려면 반드시 책읽는달의 동의를 받아야 합니다.
※ 잘못된 책은 본사나 구입하신 곳에서 바꾸어 드립니다. 책값은 뒤표지에 있습니다.
※ 책읽는달은 여러분의 아이디어와 원고를 기다리고 있습니다.
　소중한 책으로 남기고 싶은 아이디어나 원고가 있으신 분은 booknmoon2010@naver.com으로 보내주세요.

어린이제품안전특별법에 의한 표시사항

제조자명 도서출판 책읽는달　**주소** 서울시 마포구 토정로 222, 한국출판콘텐츠센터 402호
전화 02)326-1961　**제조연월** 2024년 11월　**제조국** 대한민국　**사용연령** 7세 이상
⚠ **주의** 책을 떨어뜨리거나 던져서 다치지 않게 주의하세요. 책을 입에 물지 마시고 책에 손이 베일 수 있으니 주의하세요.